Projeto

Ápis divertido

5º ano

HISTÓRIA

Este material poderá ser destacado e usado para auxiliar o estudo de alguns assuntos vistos no livro.

CB123395

Danillo Souza/Arquivo da editora

editora ática

Jogo da Vida na aldeia

Antes de começar o **Jogo da Vida na aldeia**, destaque as cartas que serão utilizadas.

Esta atividade pode estar relacionada a animais como tucunarés, aruanãs e traíras.

Resposta: PESCA

Esta atividade pode estar relacionada a animais como macacos, pacas e tatus.

Resposta: CAÇA

Esta atividade é realizada trançando-se fibras vegetais.

Resposta: CESTARIA

A argila é um material utilizado para a realização desta atividade.

Resposta: CERÂMICA

O suporte desta atividade é o próprio corpo humano.

Resposta: PINTURA CORPORAL

Os tabuleiros e as regras dos jogos estão no final do **Ápis divertido**.

Jogo da Vida na aldeia

Mudanças ecológicas estão prejudicando esta atividade.

Resposta: CAÇA/ PESCA

O anzol é uma das ferramentas utilizadas nesta atividade.

Resposta: PESCA

Esta atividade é praticada em rios próximos à aldeia.

Resposta: PESCA

Venenos vegetais podem ser utilizados na realização desta atividade.

Resposta: PESCA

Um material muito utilizado nesta atividade é a semente do urucum.

Resposta: PINTURA CORPORAL

O arco e flecha é uma das ferramentas utilizadas nesta atividade.

Resposta: CAÇA/ PESCA

Jogo da Vida na aldeia

Esta atividade é muito importante para a alimentação da aldeia.

Resposta: CAÇA/ PESCA

A espingarda pode ser utilizada como ferramenta nesta atividade.

Resposta: CAÇA

Armadilhas também são utilizadas nesta atividade.

Resposta: CAÇA

Um material preparado a partir do jenipapo é muito utilizado nesta atividade.

Resposta: PINTURA CORPORAL

Esta atividade cria objetos de diferentes formatos.

Resposta: CERÂMICA/ CESTARIA

Esta atividade pode servir para a criação de objetos.

Resposta: CERÂMICA/ CESTARIA

Jogo da Vida na aldeia

Os objetos criados com esta atividade apresentam características próprias da etnia que os fabricou.

Resposta: CERÂMICA/ CESTARIA

A taquara e a folha de palmeira são algumas das matérias-primas utilizadas nesta atividade.

Resposta: CESTARIA

Alguns objetos criados com esta atividade são de uso doméstico.

Resposta: CERÂMICA/ CESTARIA

Esta atividade pode ser classificada como um trabalho artesanal.

Resposta: CERÂMICA/ CESTARIA

Um dos objetivos desta atividade é a criação de esculturas.

Resposta: CERÂMICA

Um dos objetivos desta atividade é a criação de instrumentos.

Resposta: CERÂMICA

Jogo da Vida na aldeia

Um dos objetivos desta atividade é a criação de vasos.

Resposta: CERÂMICA

Esta atividade pode criar objetos para armazenar água e alimentos.

Resposta: CERÂMICA/ CESTARIA

Esta atividade pode ser classificada como uma expressão artística do povo que a realiza.

Resposta: CERÂMICA/ CESTARIA/PINTURA CORPORAL

Para cada evento diferente, esta atividade cria um desenho distinto.

Resposta: PINTURA CORPORAL

Esta atividade costuma ser realizada em comemorações e rituais.

Resposta: PINTURA CORPORAL

Esta atividade utiliza tintas naturais, originadas de árvores e frutos.

Resposta: PINTURA CORPORAL

Jogo da Vida na aldeia

Destaque os peões e o dado que serão utilizados no **Jogo da Vida na aldeia**.

Legenda:

Dobre.

Cole.

Peão montado:

Dado montado:

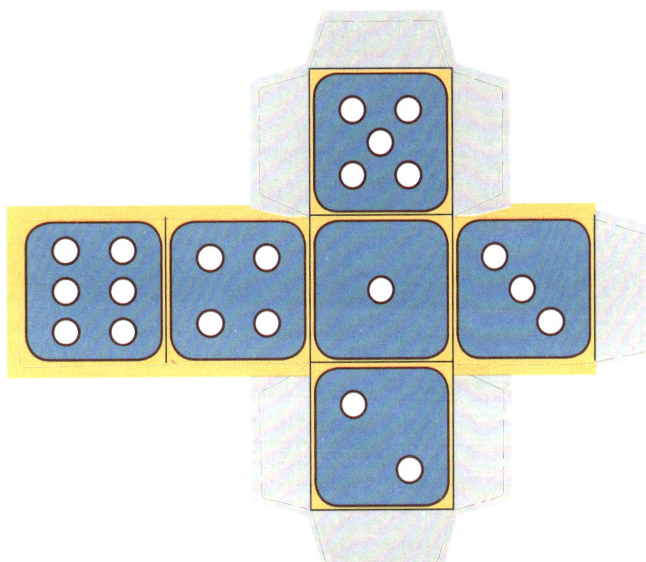

Cruzadinha do conhecimento

Para brincar com a **Cruzadinha do conhecimento**, destaque as cartas desta página e as peças das páginas seguintes.

Pergunta 1	Pergunta 2	Pergunta 3
Pergunta 4	Pergunta 5	Pergunta 6
Pergunta 7	Pergunta 8	Pergunta 9
Pergunta 10	Pergunta 11	Pergunta 12

Cruzadinha do conhecimento

A	A	A	A	A	A	A	A
A	A	A	A	B	B	B	B
C	C	C	C	C	C	C	C
D	D	D	D	D	D	D	D
E	E	E	E	E	E	E	E
E	E	E	F	F	F	F	F
F	F	G	G	G	G	G	G
H	I	I	I	I	I	I	I
I	I	I	J	J	J	J	K
L	L	L	L	L	M	M	M
M	M	M	M	M	N	N	N

Cruzadinha do conhecimento

N	N	N	N	N	O	O	O
O	O	O	O	O	O	O	O
O	O	O	O	O	O	O	P
P	P	P	P	Q	R	R	R
R	R	R	R	S	S	S	S
S	S	S	S	T	T	T	T
T	T	T	U	U	U	U	U
U	U	V	V	V	V	V	V
V	W	X	Y	Z	Z	Z	Z

Respostas

1. Unesco.
2. Nômade.
3. Povo.
4. Brasília.
5. Frevo.
6. Depoimento.
7. Gizé.
8. Cultura.
9. Ostracismo.
10. Monumento.
11. Jongo.
12. Coivara.

Jogo da Vida na aldeia

Vamos descobrir algumas das principais atividades realizadas pelos indígenas em uma aldeia? Comece a jogar e bom divertimento!

QUANTIDADE DE JOGADORES

- 3 a 4

COMO JOGAR

- Destaque as cartas, o dado e os peões das páginas 3, 5, 7, 9, 11 e 13.
- Separe as cartas em dois montes – as que têm ponto de interrogação no verso em um monte, e as que **não** têm ponto de interrogação em outro – e coloque-os sobre os locais indicados no tabuleiro.
- Posicione os peões dos jogadores no "início" do tabuleiro e jogue o dado para ver quem começa o jogo; quem tirar o maior número começa.
- Cada jogador deve jogar o dado e andar o número de casas correspondente.
- Quando o jogador da vez cair em uma casa com ponto de interrogação, o jogador à sua esquerda deve ler a afirmação da primeira carta da pilha **com** ponto de interrogação. Se o jogador da vez acertar qual é a atividade que corresponde à dica da carta, ele continua onde está. Se errar, ele deve voltar o número de casas que tirou no dado.
- Quando um jogador chegar ao "fim" do tabuleiro, o jogador à sua direita deve ler a afirmação da primeira carta da pilha **sem** ponto de interrogação. Se o jogador acertar o nome da atividade sugerida na dica, ele ganha a partida. Se errar, ele deve voltar para a casa em que estava anteriormente, e a partida continua.

Perguntas

1. Órgão da ONU responsável por desenvolver a educação, a ciência e a cultura.
2. Modo de viver se deslocando de um lugar para outro.
3. Conjunto de pessoas ligadas por traços culturais.
4. Cidade brasileira fundada em 21 de abril de 1960.
5. Gênero musical brasileiro considerado patrimônio cultural da humanidade.
6. O mesmo que testemunho, declaração.
7. Quéops, Quéfren e Miquerinos são os nomes das pirâmides de ______.
8. Conjunto de realizações materiais e imateriais de um povo.
9. Processo em que um político da Grécia antiga era banido por 10 anos.
10. Construções que homenageiam alguém ou algo considerado importante.
11. O que o jongueiro dança ou canta.
12. Técnica indígena para fazer plantação.

Cruzadinha do conhecimento

Papel e caneta em mãos para escrever suas respostas? Tabuleiro montado? Cartas embaralhadas? Então, valendo!

QUANTIDADE DE JOGADORES

- 2 a 3

COMO JOGAR

- Destaque as cartas, as peças e a ficha de respostas das páginas 15, 17 e 19.
- Embaralhe as cartas e divida-as igualmente pelo número de jogadores.
- As perguntas da cruzadinha são numeradas e os números das cartas sorteadas no início do jogo correspondem às perguntas que cada jogador terá de responder.
- O jogador que estiver com o número 1 começa a partida. Ele deve responder à pergunta, com as letras destacadas, no espaço quadriculado do tabuleiro, na ordem que desejar. As respostas podem ser conferidas com a ficha de respostas.
- Assim que for montada a resposta da pergunta, é a vez do jogador à sua direita. Ele deve cruzar sua resposta com a(s) palavra(s) que já está(ão) no tabuleiro. Se isso não for possível, ele deve passar a vez ao jogador à sua direita.
- O primeiro a responder a todas as suas perguntas é o ganhador do jogo.

História

Projeto

Ápis

5º ano

Caderno de atividades

editora ática

Sumário

Neste caderno, você vai realizar muitas atividades sobre assuntos tratados no seu livro. Esperamos que você goste das atividades e aprenda muito com elas. Bom trabalho e mãos à obra!

Unidade 1

Os povos e as culturas

1 A ocupação do planeta por homens e mulheres foi uma grande aventura que se processou em três diferentes levas que partiram da África, o chamado "berço da humanidade". Que tal descobrir um pouco mais sobre cada uma delas?

A grande aventura do ser humano

A ocupação da Terra se processou em três levas sucessivas, todas elas tendo a África como ponto de partida. Dispomos apenas de uns poucos fósseis para reconstituir os acontecimentos que tiveram lugar ao longo de mais de 2 milhões de anos. O primeiro grande explorador que deixou o berço africano foi o *Homo erectus* (homem ereto). Há 2 milhões de anos, a seca que castigava a África o obrigou a partir. Esse corajoso andarilho passou, sem dúvida, pelo Oriente Médio, e depois pelo Cáucaso. Em seguida o encontramos na Ásia, na China e na Indonésia.

Um milhão de anos depois, uma segunda leva de desbravadores chegou à Europa ocidental, passando ou pelo norte da África, ou pelos Balcãs. Já a ocupação do Norte europeu, onde o frio ainda era muito intenso, só começou 500 mil anos atrás. O domínio do fogo foi um progresso decisivo, que contribuiu, em muito, para o homem alcançar e habitar essas regiões.

Atribui-se a ocupação total de nosso planeta a nosso ancestral direto, o *Homo sapiens*, que surgiu na África há uns 200 mil anos. Os fósseis encontrados mostram que ele esteve no Oriente Médio (há 100 mil anos) e na Ásia. Seu talento de navegador lhe permitiu conquistar terras até então inexploradas, como a Austrália. Ele demorou a chegar à Europa ocidental (há 40 mil anos), onde conviveu com o homem de Neanderthal.

SWINNEN, Colette. **A pré-história passo a passo**. São Paulo: Companhia das Letras, 2010. p. 22-23.

a) Leia novamente o texto, procurando circular todas as datas citadas. A seguir, organize-as em uma linha do tempo no espaço abaixo.

b) Agora, sublinhe no texto o trajeto das três levas de ocupação da Terra. Escolha três diferentes cores, uma para cada leva, e, se necessário, releia o texto uma vez mais.

c) Por fim, desenhe no mapa abaixo o trajeto de cada uma das três levas.

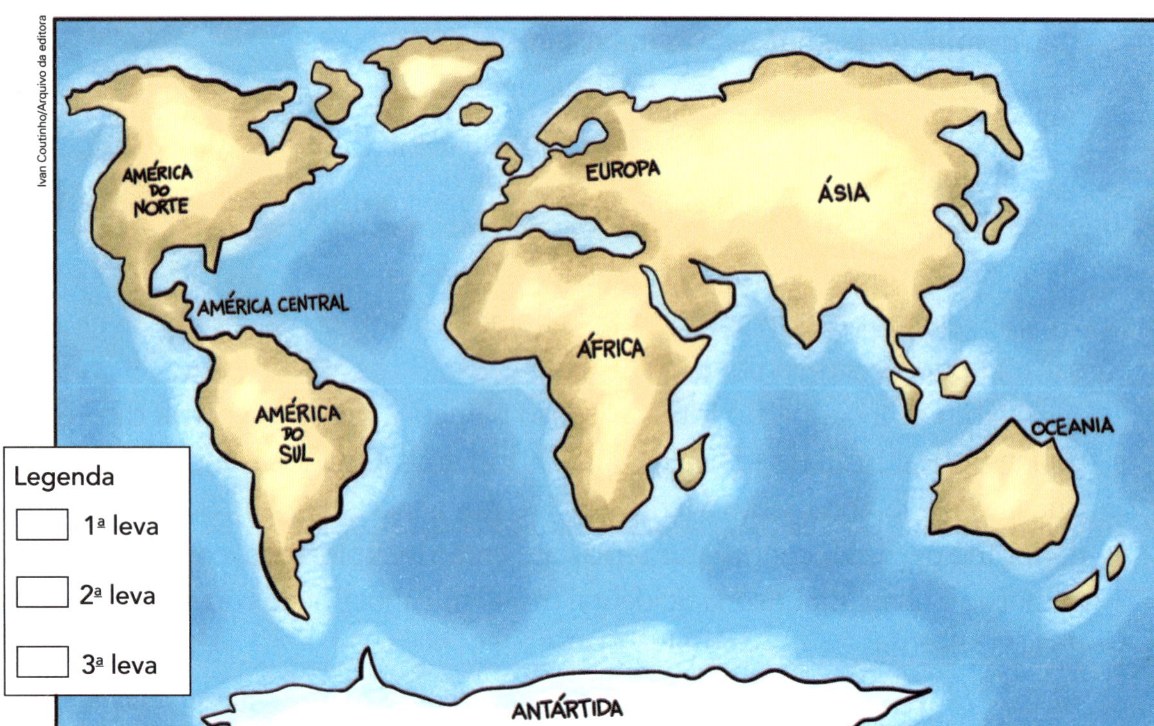

Ivan Coutinho/Arquivo da editora

2 Você já ouviu falar em sincretismo religioso? E em mistura de crenças e diversidade religiosa? Que tal conhecer um pouco mais sobre o assunto? Leia o texto a seguir e responda às questões.

Religiões e crenças

A mistura de raças e crenças em nosso país foi uma realidade e gerou riqueza e diversidade nas manifestações religiosas brasileiras. Este fato é conhecido como sincretismo religioso.

A influência religiosa africana, trazida pelos escravos, por exemplo, permanece até hoje com o candomblé, devidamente adaptado a nossas comunidades. [...]

Essa religião possui entidades protetoras chamadas de orixás. Segundo a crença, cada pessoa possui um orixá, ou santo protetor. [...]

Certas superstições são praticadas em algumas épocas do ano e estão relacionadas a festividades católicas, como a quaresma e as festas juninas.

Com o catolicismo, o costume de acender fogueiras permaneceu para festejar os santos, e as noites festivas passaram a ser consideradas encantadas, ideais para a prática de certas superstições. [...]

O costume de organizar cortejos para as cerimônias religiosas também existe nos rituais indígenas. Caminhar ou dançar formando filas e rodas significa compartilhar e estar envolvido com a comemoração. [...]

As figuras geométricas dos desenhos indígenas possuem um significado sagrado. Essas formas são utilizadas nas pinturas corporais, nas cerâmicas, nos totens e também servem para identificar diversas tribos.

ROSA, Nereide Schilaro Santa. **Religiões e crenças**. São Paulo: Moderna, 2001. p. 14, 20, 24 e 25.

a) Verdadeiro ou falso? Com base na leitura do texto, marque se os itens abaixo são verdadeiros (V) ou falsos (F).

- [ ] Sincretismo religioso é a mistura de crenças que gerou diversidade nas manifestações religiosas brasileiras.
- [ ] O candomblé possui entidades protetoras chamadas orixás: cada pessoa possui um orixá ou santo protetor.
- [ ] Nos rituais das religiões africanas as formas geométricas dos desenhos possuem um significado sagrado.

b) Você já foi a uma festa junina? Havia fogueira ou não? Leia novamente o texto e responda: A qual religião as festas juninas estão relacionadas e qual a origem do costume de acender fogueiras?

3 O acarajé é um dos quitutes mais tradicionais da culinária baiana. Sua receita tem origem na África e foi trazida para o Brasil com os africanos escravizados. O acarajé é considerado uma comida sagrada dentro do candomblé e sua receita não pode ser modificada.

Você já comeu acarajé? Sabe com que ingredientes ele é feito? Vamos descobrir?

Rodval Matias/Arquivo da editora

a) Há ingredientes de origem animal na receita do acarajé? Quais?

____

b) Assim como a receita do acarajé, muitos dos ingredientes com os quais ele é feito são originários da África. É o caso do quiabo, do azeite de dendê e do feijão-fradinho. Outros, porém, são naturais da América. Para descobrir quais são eles, leia as pistas:

- É uma leguminosa, rica em vitamina E, com alto teor calórico. Em tupi, é chamada **mani**, que significa "enterrada", porque cresce embaixo da terra úmida.

  ____

- É uma oleaginosa rica em vitamina C que deriva de uma planta originária da região litorânea do Brasil. Empregada na fabricação de sucos, doces e sorvetes, também é muito utilizada como petisco, depois de torrada.

  ____

Unidade 2

A formação da cidadania

1 Todos nós, cidadãs e cidadãos brasileiros, temos os mesmos direitos e deveres. Mas você conhece os seus direitos? E quanto aos seus deveres? Que tal começar lendo a letra da canção "Deveres e direitos"?

Deveres e direitos

Crianças, iguais são seus deveres e direitos.
Crianças, viver sem preconceito é bem melhor.
[...]
Vamos todos juntos brincar.

[...]

Meninos e meninas,
Não olhem raça, religião nem cor.
Chamem os filhos do bombeiro,
Os dois gêmeos do padeiro
E o caçula do doutor.
[...]
Meninos e meninas,
Não olhem cor nem raça ou religião.
Bons amigos valem ouro,
A amizade é um tesouro
Guardado no coração.

TOQUINHO. Deveres e direitos. In: ____. **Canção de todas as crianças**. [s.l.]: Universal, 1987. 1 CD. Faixa 1.

Ivan Coutinho/Arquivo da editora

a) Na sua opinião, sobre o que fala a letra da canção?

b) Você concorda com a letra da música quando ela diz que "viver sem preconceito é bem melhor"? Por quê? Como você explicaria o que é preconceito?

c) Todas as crianças têm direitos e também deveres como cidadãos. Antes de começar a preencher o quadro abaixo, converse com seus colegas e o professor a respeito dos direitos e deveres das crianças.

Direitos	Deveres

2 Você já ouviu falar no Estatuto da Criança e do Adolescente, também chamado ECA? Vamos descobrir um pouco mais sobre ele?

O Estatuto da Criança e do Adolescente é o conjunto de leis que detalha os direitos da criança e do adolescente – pessoas com até 12 anos incompletos e entre 12 e 18 anos de idade, respectivamente – em nosso país. Ele foi publicado em 13 de julho de 1990.

Veja na imagem abaixo alguns direitos assegurados pelo ECA.

Fonte: SOUSA, Mauricio de. **A Turma da Mônica em:** O Estatuto da Criança e do Adolescente. São Paulo: Mauricio de Sousa Produções/Unicef [s.d.].

Leia, a seguir, algumas passagens do ECA.

Os direitos enunciados nesta Lei aplicam-se a todas as crianças e adolescentes, sem discriminação de nascimento, situação familiar, idade, sexo, raça, etnia ou cor, religião ou crença, deficiência, condição pessoal de desenvolvimento e aprendizagem, condição econômica, ambiente social, região e local de moradia ou outra condição que diferencie as pessoas, as famílias ou a comunidade em que vivem.

[...] É dever da família, da comunidade, da sociedade em geral e do poder público assegurar, com absoluta prioridade, a efetivação dos direitos referentes à vida, à saúde, à alimentação, à educação, ao esporte, ao lazer, à profissionalização, à cultura, à dignidade, ao respeito, à liberdade e à convivência familiar e comunitária.

[...]

A criança e o adolescente têm o direito de ser educados e cuidados sem o uso de castigo físico ou de tratamento cruel ou degradante, como formas de correção, disciplina, educação ou qualquer outro pretexto, [...] por qualquer pessoa encarregada de cuidar deles, tratá-los, educá-los ou protegê-los.

Estatuto da Criança e do Adolescente, Lei n. 8.069, de 13 de julho de 1990. Disponível em: <www.planalto.gov.br/ccivil_03/leis/L8069Compilado.htm>. Acesso em: 4 set. 2017.

Agora, aproveite o espaço desta página e faça um desenho ilustrando o direito assegurado pelo ECA que você considera mais importante.

Unidade 3

Cultura e transmissão de saberes

1 Muitos povos preservam suas tradições e memórias transmitindo-as oralmente por meio de histórias. Que tal conhecer uma dessas histórias?

Há muito tempo,
num antigo país da África,
dezesseis príncipes negros trabalhavam juntos
numa missão da mais alta importância para seu povo,
povo que chamamos de iorubá.
Seu ofício era colecionar e contar histórias.
O tradicional povo iorubá acreditava que tudo na vida se repete.
Assim, o que acontece e acontecerá na vida de alguém
já aconteceu muito antes a outra pessoa.
Saber as histórias já conhecidas, as histórias do passado,
significava para eles saber o que acontece
e o que vai acontecer na vida daqueles que vivem o presente.
Pois eles acreditavam que tudo na vida é repetição.
E as histórias tinham que ser aprendidas de cor
e transmitidas de boca em boca, de geração a geração,
pois, como muitos outros velhos povos do mundo,
os iorubás antigos não conheciam a palavra escrita.

PRANDI, Reginaldo. **Os príncipes do destino:** histórias da mitologia afro-brasileira. São Paulo: Cosac Naify, 2001. p. 5-6.

a) Segundo o texto, "dezesseis príncipes negros trabalhavam juntos numa missão da mais alta importância para seu povo". Que missão era essa?

b) Por que essa missão era importante para o povo dos "dezesseis príncipes negros"?

c) Como se chamava o povo dos "dezesseis príncipes negros"?

d) Com a ajuda do seu professor, faça uma breve pesquisa sobre esse povo. Você e seus colegas devem descobrir em que região da África esse povo vivia e indicar a sua localização aproximada no mapa abaixo.

África: divisão política atual

Banco de imagens/Arquivo da editora

Fonte: SIMIELLI, Maria Elena. **Geoatlas**. São Paulo: Ática, 2013. p. 63.

2 Após o desenvolvimento da linguagem oral, os seres humanos demoraram milhares de anos para criar as primeiras formas de escrita.
Na península de Yucatán, na América Central, os maias criaram um sistema de escrita que utilizava um conjunto de glifos ou sinais gráficos.
Vamos conhecer um pouco mais sobre esse sistema?

Escrita dos maias, o fim do mistério

[...] dois competentes estudiosos da escrita maia [...] acreditam que nos próximos anos será possível ter uma ideia mais precisa da sociedade maia, graças aos progressos na arte de decodificar sua escrita. "Metade dos símbolos para as sílabas já foi decifrada." Esses curiosos sinais representam um pequeno grupo de letras como "wi" e "tsi", componentes da palavra "wits", que significa "colina". Ou como "a", "ha" e "wa", que formam o termo "ahaw", empregado para designar "senhor de terras" ou "governante". Ao lado dos caracteres silábicos, os maias empregavam também formas logográficas, isto é, desenhos completos para representar uma palavra. O termo "senhor de terras", por exemplo, também podia ser escrito com um simples desenho, na forma de uma face. Assim, a comparação das figuras com as palavras abre uma brecha maior para a compreensão de ambos.

Escrita dos maias, o fim do mistério. Disponível em: <https://super.abril.com.br/historia/escrita-dos-maias-o-fim-do-misterio/>. Acesso em: 31 ago. 2017.

Ann Ronan Picture Library/Photo12/AFP

A maioria dos documentos escritos em língua maia se perdeu com a conquista espanhola no século XVI. Apenas três livros manuscritos conhecidos como códices maias foram preservados. O da imagem ao lado encontra-se na Biblioteca da Universidade Técnica de Dresden, Alemanha, e é conhecido como **Códice de Dresden**.

a) Após a leitura do texto, responda: Como era o sistema de escrita maia?

b) Agora, crie uma linguagem baseada no sistema de escrita maia, ou seja, que combine sinais e símbolos ou apenas sinais para representar as letras do alfabeto e desenhos completos para representar palavras.

3 No Brasil, uma pessoa é considerada indígena quando ela se declara como tal ou se identifica como membro de uma comunidade ou de um povo indígena. O autor do texto abaixo, que é da nação Munduruku, afirma que, quando criança, não gostava de ser chamado de "índio". Vamos descobrir por quê?

A raiva de ser índio

A gente não pede para nascer, apenas nasce. Alguns nascem ricos, outros pobres; outros brancos, outros negros; uns nascem num país onde faz muito frio, outros em terras quentes. [...] O fato é que, quando a gente percebe, já nasceu.

Eu nasci índio. Mas não nasci como nascem todos os índios. Não nasci numa aldeia [...]. Eu nasci na cidade. Acho que dentro de um hospital. E nasci numa cidade onde a maioria das pessoas se parece com índio: Belém do Pará.

Nasci lá porque meus pais moravam lá. [...]

Meus pais tinham ido para Belém [...], uma vez que já não era tão fácil viver na aldeia e eles sonhavam com a cidade. Por isso meu pai aprendeu uma profissão: carpinteiro. Foi, e ainda é, um grande mestre nesse ofício.

[...]

Nós sempre moramos na periferia de Belém. Nossa maloca não era nossa e muitas vezes tivemos que mudar de lugar, de casa e de bairro. Foi uma época bem sofrida. Meus irmãos tiveram que ir trabalhar na cidade para ajudar nas despesas. Eu mesmo fui vendedor de doces, paçoca, sacos de feira, amendoim [...]. Fazia tudo isso com alegria. Eu era uma criança que gostava de fazer coisas novas.

Só não gostava de uma coisa: que me chamassem de índio. Não. Tudo menos isso! Para meu desespero, nasci com cara de índio, cabelo de índio (apesar de um pouco loiro), tamanho de índio. Quando entrei na escola primária, então, foi um deus-nos-acuda. Todo mundo vivia dizendo: "Olha o índio que chegou à nossa escola".

Meus primeiros colegas logo se aproveitaram pra me colocar o apelido de Aritana. [...]

Acervo pessoal

Retrato de Daniel Munduruku. Fotografia de 2014.

E por que eu não gostava que me chamassem de índio? Por causa das ideias e imagens que essa palavra trazia. Chamar alguém de índio era classificá-lo como atrasado, selvagem, preguiçoso. E, como já contei, eu era uma pessoa trabalhadora que ajudava meus pais e meus irmãos e isso era uma honra para mim. Mas era uma honra que ninguém levava em consideração. Para meus colegas só contava a aparência... e não o que eu era e fazia.

MUNDURUKU, Daniel. A raiva de ser índio. In: **Meu avô Apolinário:** um mergulho no rio da (minha) memória. São Paulo: Studio Nobel, 2001.

a) Quem chamava Daniel Munduruku de índio? E por quê?

b) Por que Daniel não gostava que o chamassem de índio?

c) Na sua opinião, o que é ser índio, afinal?

d) No texto, Daniel comenta que os seus primeiros colegas logo o apelidaram.

- Que apelido era esse?

- Você acha que colocar um apelido em alguém é uma atitude saudável? Por quê?

Unidade 4

Patrimônio, história e cultura

1 Por representarem uma lembrança do que se deseja preservar de outras épocas, alguns bens são declarados patrimônio de um povo ou até mesmo de toda a humanidade.
Recentemente, o Cais do Valongo, na cidade do Rio de Janeiro, foi declarado patrimônio da humanidade. É sobre ele que a inglesa Maria Graham tratou no texto abaixo, escrito no século XIX. Leia-o com atenção para responder às questões.

> Vi hoje o Val Longo [Valongo]. É o mercado de escravos do Rio. Quase todas as casas desta longuíssima rua são um depósito de escravos. Passando pelas suas portas à noite, vi na maior parte delas bancos colocados rente às paredes, nos quais filas de jovens criaturas estavam sentadas, com as cabeças raspadas, os corpos macilentos, tendo na pele sinais de sarna recente. Em alguns lugares as pobres criaturas jazem sobre tapetes, evidentemente muito fracos para sentarem-se. Em uma casa as portas estavam fechadas até meia altura e um grupo de rapazes e moças, que não pareciam ter mais de 15 anos, e alguns muito menos, debruçavam-se sobre a meia porta e olhavam a rua com faces curiosas. Eram evidentemente negros bem novos. Ao aproximar-me deles, parece que alguma coisa a meu respeito lhes atraiu a atenção; tocavam-se uns nos outros para certificarem-se de que todos me estavam vendo e depois conversaram no dialeto africano próprio com muita vivacidade. Dirigi-me a eles e olhei-os de perto, e ainda que mais disposta a chorar. Fiz um esforço para lhes sorrir com alegria e beijei minha mão para eles; com tudo isso pareceram eles encantados; pularam e dançaram, como que retribuindo as minhas cortesias. Pobres criaturas! Mesmo que pudesse eu não diminuiria seus momentos de alegria, despertando neles a compreensão das coisas tristes da escravidão; mas apelaria para os seus senhores, para os que compram e para os que vendem, e lhes imploraria que pensassem nos males que traz a escravidão, não somente para os negros, mas para eles próprios e, não somente para eles, mas para suas famílias e para suas descendências.

GRAHAM, Maria. **Diário de uma viagem ao Brasil e de uma estada nesse país durante parte dos anos de 1821, 1822 e 1823**. Disponível em: <www.brasiliana.com.br/obras/diario-de-uma-viagem-ao-brasil-e-de-uma-estada-nesse-pais-durante-parte-dos-anos-de-1821-1822-e-1823/pagina/254/texto>. Acesso em: 30 ago. 2017.

a) O que era o Cais do Valongo no século XIX? Como a inglesa Maria Graham o descreveu?

b) E hoje, como é o Cais do Valongo? Como você o descreveria? Para responder à questão, observe a imagem abaixo.

Mario Tama/Getty Images

Visitante no Cais do Valongo, em 2017.

c) Na sua opinião, por que o Cais do Valongo foi declarado patrimônio da humanidade?

d) Ainda na sua opinião, declarar o Cais do Valongo um patrimônio da humanidade é uma forma de nos fazer pensar "nos males que traz a escravidão, não somente para os negros", mas para todos nós, como escreveu Maria Graham no século XIX? Converse com seus colegas e o professor a respeito, depois registre suas conclusões abaixo.

2 Como o Cais do Valongo, as Pirâmides de Quéops, Quéfren e Miquerinos são exemplos de patrimônio da humanidade. O texto a seguir explica por que alguns bens dizem respeito a toda a humanidade.

Cada comunidade [...] tem também o seu patrimônio: o conjunto de bens materiais e imateriais [...], que são, por várias razões, valiosos para a sobrevivência do grupo, ou seja, para que mantenha suas próprias características e tradições.

Pelo mesmo raciocínio, há bens patrimoniais que dizem respeito à população de toda uma nação e até mesmo a toda a humanidade.

dani3315/Alamy/Fotoarena

Pirâmides no Planalto de Gizé. Foto de 2014.

As famosas pirâmides de Quéops, Quéfren e Miquerinos, por exemplo, são, ao mesmo tempo, patrimônio do povo egípcio, porque têm relação com sua história e estão em seu território, e são patrimônio da humanidade, pois representam uma notável realização humana.

[...] o chamado *patrimônio da humanidade* é constituído por patrimônios naturais ou culturais de qualquer país, que tenham importância histórica, artística ou arqueológica universal, ou seja, para toda a humanidade. Esses bens de patrimônio pertencem ao país onde se localizam, mas contam com a ajuda internacional para sua proteção.

MARTINS, Maria Helena Pires. **Preservando o Patrimônio & construindo a identidade**. São Paulo: Moderna, 2001. p. 9-10.

a) Após a leitura do texto, explique, com suas próprias palavras, por que alguns bens são declarados patrimônio da humanidade.

____

____

____

b) Agora, releia o texto e responda: O que é patrimônio?

____

____

c) Por fim, escolha uma das famosas pirâmides de Gizé e faça uma breve pesquisa sobre ela, procurando descobrir: quando e onde ela foi construída; para que ela servia; o que aconteceu com ela ao longo do tempo, etc.

Arte rupestre de Chongoni, Malawi. Foto de 2015.

Michael Runkel/Alamy/Fotoarena

Ópera de Sydney, Austrália. Foto de 2016.

Norman Pogson/Alamy/Fotoarena

Parque Nacional de Yellowstone, Estados Unidos. Foto de 2017.

Olga Mendenhall/Alamy/Fotoarena

Monte Etna, Itália. Foto de 2016.

Miki Gordon/Alamy/Fotoarena

Arte têxtil de Taquile, Peru. Foto de 2015.

Marie-Jeanne Sol/Shutterstock

Passistas de frevo, Brasil. Foto de 2015.

Hans von Manteuffel/Opção Bras

4 O Teatro de Bonecos Popular do Nordeste é considerado um patrimônio imaterial do Brasil. Você já ouviu falar dessa tradição? Então, leia o texto a seguir com atenção para responder às questões.

> O registro como Patrimônio Cultural Imaterial justifica-se devido à originalidade e tradição dessa expressão **cênica**, repassada de mestre para discípulo, de pai para filho, de geração para geração. [....] por meio da arte dos bonecos, [**brincantes**] encenam histórias apreendidas na tradição que falam de relações sociais [...] da sociedade nordestina [...] das cores e da alegria que são **inerentes** ao seu contexto social.
>
> [...] A brincadeira é iniciada com a montagem da empanada, uma espécie de barraca. Em seguida, os brincantes se colocam na parte de trás e o espetáculo tem início com os bonecos em cena e a introdução de um texto poético, a loa. Além da narrativa, a peça contém elementos surpresas, muitas vezes sugeridos pelo mestre bonequeiro. Normalmente, as sugestões ocorrem a partir de conhecimento prévio sobre o público.

cênico: referente a cena; próprio de uma apresentação teatral.

brincante: aquele que brinca.

inerente: que é próprio ou característico.

Teatro de Bonecos Popular do Nordeste. Disponível em: <http://portal.iphan.gov.br/pagina/detalhes/508/>. Acesso em: 30 ago. 2017.

a) Por que a tradição do Teatro de Bonecos Popular do Nordeste é considerada um patrimônio imaterial do Brasil?

____

____

____

____

b) O texto descreve em detalhes como ocorre a brincadeira do Teatro de Bonecos. Leia-o novamente, tentando imaginar como tudo acontece: a montagem da empanada, o espetáculo, etc. Converse com os colegas e o professor a esse respeito.

c) Em grupos, vocês devem criar uma história para ser encenada por bonecos. O tema da peça é livre, mas ele deve estar relacionado às tradições da sua comunidade, como as histórias encenadas pelo Teatro de Bonecos estão à tradição nordestina. Antes de começar a escrever a história, vocês precisam definir onde e quando ela se desenrola, quem são os personagens, etc. Divirtam-se!

5 Agora, que tal conhecer a história de um lugar chamado Largo da Memória?

Na região central da cidade de São Paulo, há um **largo** que se chama "Largo da Memória". Ele foi construído no ano de 1814, quando o governo determinou a construção de uma nova via de transporte e comunicação com o interior do estado. Além de um obelisco dedicado à "memória do **zelo** do bem público" – daí Largo da Memória –, construiu-se um chafariz no largo, para o fornecimento de água para os moradores da região e também para os tropeiros (e suas tropas) que adentravam a cidade pela nova estrada.

largo: em um traçado urbanístico, área de dimensão mais espaçosa do que a(s) rua(s) que intercepta.

zelo: grande cuidado.

Em 1872, o chafariz foi removido do largo e transferido para as proximidades da Estação da Luz, também na região central de São Paulo. Com a chegada dos trens e da via férrea à cidade, o transporte com burros e cavalos foi perdendo importância – assim como o largo sem o chafariz.

Em 1922, por ocasião do centenário da independência do Brasil, o largo foi reformado, ganhou um novo chafariz e foi reinaugurado com bastante pompa.

Reprodução/Arquivo Histórico Municipal Washington Luís, São Paulo, SP

Largo da Memória. Fotografia de 1862.

Autoria desconhecida/Acervo Instituto Moreira Salles, São Paulo, SP

Reinauguração do Largo da Memória. Foto de 1922.

a) Leia novamente o texto, procurando assinalar todas as datas citadas. A seguir, organize-as em uma linha do tempo no espaço abaixo.

b) Por meio da história do Largo da Memória é possível conhecer um pouco mais sobre a história da cidade de São Paulo? Converse com os colegas e o professor a esse respeito.

c) Observe novamente as imagens da página anterior. Há diferenças entre elas indicando transformações no lugar? Quais?

d) Agora, observe a imagem para responder às questões que seguem.

- Na sua opinião, o Largo da Memória é um patrimônio da cidade de São Paulo? Por quê?
- Por que é importante proteger e preservar o patrimônio de uma cidade?
- Considerando a foto mais atual do Largo da Memória, você acha que ele pode ser considerado um patrimônio em perigo? Por quê?

Ricardo Bastos/Fotoarena

Largo da Memória. Foto de 2016.

JOGO DOS 7 ERROS

Que diferenças existem entre as duas cenas? Identifique-as. Depois, com um **X**, assinale na segunda imagem cada diferença encontrada.

Rodval Matias/Arquivo da editora